Vous dire, en passant…

Du même auteur :

❖ **"1914-2014 centenaire de la Grande Guerre : Hommage"**

❖ **"Septembre"**

Editions BoD books on demand

André Nébon

Vous dire, en passant…

Poésie

© 2014, André Nébon
Éditeur : BoD - Books on Demand,
12/14 rond-point des Champs Élysée, 75008 Paris
Imprimé par BoD - Books on Demand GmbH, Norderstedt, Allemagne
ISBN : 978-2-322-03885-5 Dépôt légal : octobre 2014

*A Béatrice,
sans qui ce ne serait.*

La fille aux yeux pers

J'ai regardé au loin jusqu'où la vue se perd.
J'ai vu des pierres plates, des chemins tortueux,
j'ai vu des troncs scellés dépouillés de cheveux,
je n'ai pas oublié cette fille aux yeux pers.

J'ai regardé au loin, trempé sous mon imper,
j'ai vu de jaunes champs, des tertres rocailleux,
j'ai vu les rives frêles d'un ruisseau sinueux,
je n'ai pas oublié cette fille aux yeux pers.

j'ai regardé au fond, jusqu'où la ligne appert,
j'ai vu des roches blanches qui éclatent aux cieux,
j'ai vu des nains géants des semi-demi-dieux,
je n'oublierai jamais cette fille aux yeux pers.

Là où je dormirai

Là où je dormirai, sous la ramée du saule,
quiconque passera, par hasard, tout devant,
ne saura deviner que la chanson du vent
vient bercer mon sommeil ; musique sans paroles.

Toi seule, mon aimée, de cette mélodie
entendras le refrain, déchiffreras les notes
qui te rappelleront notre vie de jadis
dans ce bonheur si grand dont nous fûmes les hôtes.

Si tu viens déposer sur mon repos paisible
quelques fleurs de printemps que tu auras cueillies,
fais le tranquillement, sans larmes si possible,
je t'ai toujours voulue heureuse, alors souris.

Désir

Quand mon front sur ton sein aspire la douceur
du bien-être, ô jamais ne sortir de ta gorge
y chercher, indolent, l'infini où se forgent
mon être tout entier, ton âme, ta tiédeur.

Toi, la belle, fragile, rivage languissant
l'écume de mon flot, la marée de mon cours,
de ma bouche muette je n'aurai pour discours
que son embrasement si ton derme consent.

Laisse-moi, ô prêtresse, accéder à ton temple
sous le voile léger qui dérobe à ma vue
l'origine sacrée, siège de l'absolu,
toi que ton dieu créa comme un unique exemple.

Je serai, pour toi seule, le verbe allégorique
quand tes sens libérés, rejetant la pudeur,
permettront par ta voix l'accès aux profondeurs
de tes lèvres déliées, orifice magique.

Ô diablesse bénie, maîtresse des divins,
m'enivrer de ton suc, permets-moi d'aborder,
je veux boire à ton puits, sans bousculer jamais
la fleur en son bouton, chef-d'œuvre du jardin.

Je veux te mener là où les nues admirables
ouvriront pour ton corps les portes du délice,
et jailliront alors les flots de ton calice
en une vague libre au parfum délectable.

Abreuvé de ta sève, pareille à un soleil,
ainsi que le phénix je renaîtrai au monde
et je viendrai me perdre dans ta vallée profonde
comme un mortel sortant de son trop long sommeil.

L'absente

Je t'écrirai demain, de retour à Rivelle,
faire plus que ces lignes aujourd'hui je ne peux,
ce malheur annoncé par ta lettre est affreux
la douleur est trop forte et vraiment trop cruelle.

Je ne sais, sur l'instant, les mots pour parler d'elle,
sa présence est si vive encore, je suis brisé,
déjà dire au passé, ce soir, je ne pourrais
c'est au plus grand silence que ma plume en appelle.

J'imagine aisément l'insigne désarroi
dans lequel ce chagrin te plonge et te dévaste,
tu me dis t'en vouloir de cette issue néfaste
le tourment, mon ami, t'égare je le crois.

Accorde-moi la grâce de pouvoir partager
ce poids, cette affliction, ce mal que tu endures,
permets-le, compagnon, cela je te l'adjure,
sois fort, nous sommes deux, tu n'es pas naufragé.

Plus longuement, demain, de retour à Rivelle,
je coucherai les termes qui, pour l'heure, se dérobent,
je serai à ma table dans le matin, dès l'aube,
et le premier soleil lira mes traits pour elle.

Je t'y rappellerai que vous eûtes tous deux
un bonheur rencontré par un heureux hasard,
ce que vous ressentîtes lors du premier regard,
je te ferai revivre ces moments merveilleux.

Je pourrai employer le passé pour te dire
la passion qui fût sienne- elle me l'avoua !-
de trouver près de toi l'alfa et l'oméga
dans l'homme que tu es, son rêve, son désir.

J'ajouterai aussi, sans crainte de méprise,
que tu es désormais en charge d'un devoir :
ne pas lui dire adieu, simplement au revoir,
et vouer ton futur au souvenir d'Élise.

Je t'écrirai demain, de retour à Rivelle.

*

La marche

j'ai gravi la montagne.
J'ai cru,
au soleil qui luisait,
voir au travers du ciel
les promesses de miel.
J'ai gravi la montagne.
Fourbu,
je me suis arrêté ;
nulle rive promise
que je venais chercher.
J'ai gravi la montagne.
J'ai vu,
dans le sang de mes pieds,
le plasma de ton sang
baignant le Golgotha.

Le semeur d'oubli

L'homme est venu d'ailleurs, laissant derrière lui
une vie en jachère abandonnée aux vents
destructeurs.

Cet homme voyageur, sans passé, inconnu,
paraît, ainsi qu'on voit, l'ombre d'un revenant
qui fait peur.

Il marche lentement, dans sa mise éculée,
semblant porter le deuil d'illusions d'autres temps,
mortes au cœur.

De pas en pas, jour après jour,
d'un geste lancinant devenu familier
il épand à l'envi un semis qu'il n'a pas,
que lui seul peut sentir dans le creux de sa main.
De pas en pas, jour après jour,
il sème aux quatre vents la graine imaginée
pour que germe l'oubli, pour que le néant soit,
pour qu'enfin, de sa plaie, s'extirpe le venin.

L'homme est venu d'ailleurs, de lieux qui ne sont plus
que mornes sanctuaires de cendres et de pleurs,
de douleur.

Cet homme voyageur, que la raison a fui,
est chargé de la croix d'un fol espoir mort-né,
imposteur.

Il marche lentement, au rythme des saisons,
jusqu'au dernier hiver qui viendra le chercher,
l'emporter.
De pas en pas, nuit après nuit,
le rythme de son bras mimant celui des champs,
l'homme venu d'ailleurs pour ne pas retourner
laisse à son devenir le soin de moissonner.

Le voyage
(à Téharé)

A l'heure où le brouillard recouvrira la lande,
dans le matin naissant d'un hiver arrivé,
je vêtirai mon dos, car l'âge me commande
de couvrir mes années et puis je partirai.

Sous ma cape de laine, dans mes souliers cloutés,
je franchirai le ru en passant par le gué
là où deux ou trois pierres aident le passager
qui s'en va de la nuit, comme pour s'échapper.

Je veux voir au-delà de mes reliefs de schiste
plus loin que les maquis, la jachère, et les brumes
je ferai mon chemin, je trouverai ma piste,
laissant, derrière moi, ennui et amertume.

Je marcherai le jour, je marcherai la nuit,
je marcherai encore tant que mes forces vives
me maintiendront debout, par le vent, par la pluie,
me pousseront plus loin, afin que je poursuive.

Avant que de laisser ma carcasse à la terre
et connaître un sommeil plus grand qu'habituel,
j'ai besoin de franchir les dernières barrières
pour parvenir enfin au monde originel.

Cette terre lointaine, repos de mes ancêtres,
qui ne subit jamais ni frimas ni les glaces
où les fleurs en bouquets abondent aux fenêtres
des légères maisons qui ceinturent une place.

Sans connaître ce lieu sinon par quelques lettres
reçues il y a longtemps, quelques photos jaunies,
il me semble déjà qu'un parfum me pénètre
mêlé de tamanu et de miki-miki.

Sur une plage calme, de sable blanc ou noir,
abordée par le flot tranquille et cristallin
je poserai mon corps, je me laisserai choir,
et attendrai, serein, mon soleil en déclin.

※

La dame du lac

Le lac mystérieux, au pied de ma colline,
dort d'un sommeil discret depuis la nuit des temps.
J'aime y venir le soir, lorsque le jour décline,
pour y apercevoir la fille des Titans.

L'étincelante et suave pâleur de Séléné
qui se mire sur l'onde sans ride, immobile,
quand son total et pur aspect de nudité
vient combler mon regard de sa douceur subtile.

Déesse de la nuit sur son char argenté
Hécate et Artémis lui sont des subalternes
et son global éclat couleur de pureté
ramène leur lueur au domaine du terne.

La vraie Dame du lac, la seule, l'éternelle,
c'est elle ; ni Viviane, ni légende d'Arthur
ne pourront faire croire qu'elle n'est la plus belle ;
divinité magique, antonyme d'obscur.

Amante merveilleuse d'Endymion l'admirable
à qui elle donna l'éternelle beauté,
l'indestructible éclat, autant qu'inaltérable,
par un somme profond, une immortalité.

Le lac mystérieux, au pied de ma colline,
dort d'un sommeil discret depuis la nuit des temps.
Complice des faveurs de l'exquise voisine
il garde ses secrets, veillés jalousement.

Illusion

Ils partent, ils s'en vont,
conquérants.
Les îles éloignées,
les contrées interdites
promises aux plus vaillants,
ne se laissent violer.
Elles s'offrent ou détruisent !
hurlements dans le vent.
Grimper au corps des vierges,
illusion.
Que battent les tambours
la peur dans les baguettes.
Morts debout,
visions brisées,
être nus face à tout
culbuter son effroi
ne plus savoir rien d'autre
que tuer c'est mourir.

C'était Fayrchet

Devant le fer rouillé du grand portail fermé,
saisi jusqu'au profond d'un trouble qui embue
mon regard et mes yeux d'une brume imprévue,
je m'arrête un instant, envahi, submergé.

Fayrchet ! je me souviens, je n'ai pas oublié.
Fayrchet ! le Vieux Moulin, la belle visiteuse.
Elle y venait souvent, en nos saisons heureuses,
et nous l'y attendions, impatients, agités.

Tant d'années ont passé et j'aperçois les chênes
sous lesquels étaient beaux les printemps, les étés,
quand nos jeux et nos rires étaient ensoleillés,
lorsque la vie, pour nous, n'était autre qu'aubaines.

La grille que je pousse, qui s'exprime d'un pleur,
me permet d'accéder, dans sa plainte sonore,
au gravier de l'allée où tout semblait éclore
lorsqu'elle paraissait, belle comme une fleur.

Céleste, étincelante, au temps des floraisons,
sous son ombrelle fine, en glanant des pervenches,
d'un attrait infini dans ses dentelles blanches,
son élégance innée était notre horizon.

Nous étions jeunes alors, elle était si jolie
qu'au milieu de nous tous elle trônait en bouquet ;
les fleurettes cueillies ajoutaient leur violet
à la douceur insigne de ses teintes choisies.

Nous prenions nos goûters assis sur l'herbe neuve
sous les grands arbres aimés, au milieu du jardin ;
lorsqu'en la taquinant ma main frôlait sa main
c'était là, je l'avoue, une bien douce épreuve.

Le temps qui s'enfuyait et qui partait trop vite
la rappelait, hélas!, à l'automne venu ;
la belle visiteuse nous laissait, éperdus,
et nous restions bien seuls, sans notre favorite.

Mon cœur qui bat toujours aussi fort que jadis,
croit saisir son image, là-bas, le long du fleuve,
et je revis, ému, ces doux moments exquis
loin des rues agitées du bourg de Villeneuve.

Je la vois comme en rêve, légère et enjouée,
ouverte en même temps que secrète et furtive
admirable mystère de nos années naïves,
proche et inaccessible, ainsi qu'elle l'était.

Je lui dois tant d'émois, de riches sentiments,
sa grâce fût pour moi, ici, à l'origine
des premiers chocs réels, naissants, dans ma poitrine,
restés tus- quel regret !- toutefois éminents.

Qu'est-elle devenue, la belle visiteuse ?
Le Moulin de Fayrchet, sans elle, n'a plus d'éclat
et ma vie, depuis lors, est demeurée sans joie.

※

La belle visiteuse

Vous me voyez sans mots, Madame, sans parole,
subjugué par le trouble, saisi, déconcerté,
est-ce que la vie, céans, me joue un mauvais rôle
ou suis-je retourné dans mes rêves, éveillé ?

Pardonnez mon émoi ! qui aurait pu prévoir
qu'après tant de moissons, de printemps et d'étés,
des destins séparés puissent, un jour, se revoir
alors que leurs chemins ne laissaient augurer ?

Je ne sais plus, Madame, en cet instant sublime,
dois-je vous tutoyer ou bien te dire vous ?
Mille pensées m'affluent et si mon cœur s'anime
c'est par les souvenirs ; Fayrchet, souvenez-vous !

Ah ! je vous vois sourire à ce nom si lointain,
le moulin tant aimé de nos années heureuses,
je m'y rends quelquefois, voyageur clandestin,
retrouver, par l'esprit, la belle visiteuse.

Vous n'avez pas changé malgré le temps passé,
je sais que, de nos jours, sont enfouies les ombrelles
les modes, hélas! parfois, tuent un peu la beauté
mais je vous vois toujours fidèle à vos dentelles.

Les années écoulées n'ont eu aucun outrage
sur le portrait resté présent en ma mémoire,
nous étions jeunes, alors, et comme cette image
vous êtes demeurée telle que je pouvais croire.

Me pardonneriez-vous si, aujourd'hui enfin,
j'avouais humblement, au risque de l'offense,
mon secret toujours tu et mon plus grand chagrin ?
Oui, vous fûtes pour moi l'amour d'adolescence.

Pourquoi n'ai-je rien dit, demandez-vous, Madame ?
Parce que vous me sembliez si haute à conquérir
que je n'ai jamais pu convaincre ma pauvre âme
qu'il vous serait possible, un jour, de me chérir.

Vous me dites mes torts ? Vous partagiez ma flamme ?
Vous aimeriez revoir le Moulin, dites-vous ?
Y aller avec moi ? Êtes-vous sûre, Madame ?
Votre voix semble émue et vos mots sont si doux !

Cet instant magnifique, inouï ! je proclame,
efface tant d'années de tristesse, sans vous,
prenez donc-là mon bras, le passé nous réclame,
permettez, permets-moi, allons au rendez-vous !

※

J'écrirai que je t'aime

Tant que mes doigts usés pourront tenir ma plume,
tant que mes yeux minés seront assez vaillants,
que mes nuits éveillées sauront saisir l'écume
de mon esprit vieilli, qui n'est plus si fringant,
j'écrirai que je t'aime.

Tant que les mots voudront demeurer sans malice,
tant que mes pages nues seront mes auxiliaires
que mes phrases sauront élever l'édifice
des vers qui se bousculent, simplement pour te plaire,
j'écrirai que je t'aime.

Tant que les jours nouveaux me donneront la force,
tant que mon cœur battra et pourra s'exprimer
en pourchassant les termes pour saisir, sous l'écorce,
l'ardeur renouvelée des formules usitées,
j'écrirai que je t'aime.

Tant que tu seras là pour lire mes poèmes,
tant que tu me diras que tu en es émue,
que tu voudras, parfois, corriger un blasphème
qui m'aura échappé et que je n'avais vu,
j'écrirai que je t'aime.

Tant que mes doigts usés pourront tenir ma plume,
tant que je te saurai près de moi et complice,
que tu continueras de chasser loin mes brumes
comme tu fais toujours, ma douce Béatrice,
j'écrirai que je t'aime.

Avant toi
(à Béatrice)

Comme une île perdue, loin des havres tranquilles,
balayée par les vents, érodée par les flux,
là où nulle autre vie que quelques brins fragiles
n'aurait pu aborder sans s'avérer vaincue,
j'étais sans toi.

Comme une ombre exilée, exclue de la lumière,
errant au plus profond des abysses chthoniens,
là où nul autre cri que des clameurs primaires
n'aurait pu s'élever sans s'allier aux chiens,
j'étais sans toi.

Comme un esprit damné, fui par les âmes pures,
voué au pilori sans autre voie d'appel,
là où le seul moyen d'effacer les souillures
n'aurait pu consister qu'en un arrêt cruel,
j'étais sans toi.

Comme une main tendue qui se perd dans le vide,
sans rencontrer l'écho d'un salvateur contact,
là où sables mouvants et autre sol putride
n'auraient pu faire grâce dans ce bas cul-de-sac,
j'étais sans toi.

Le peintre

Jonché du pampre roux des arbres à l'automne
sur le gravier dormant des sentiers esseulés,
le parc, en ce matin, lorsqu'il n'y est personne,
ressemble à s'y méprendre à un tableau parfait.

Dépêche-toi le peintre, installe ton trépied !
pose ta toile vierge, sors palette, pinceaux !
l'angle est-il le meilleur, es-tu bien éclairé ?
Ne crains pas d'exiger ce qu'il y a de plus beau.

Je déploierai sur toi une aile protectrice
qui viendra abriter ton œuvre en gestation
nulle goutte du ciel, en ce temps peu propice,
ne viendra maculer l'ouvrage en création.

Saisis dans leur splendeur les teintes, les nuances,
mêle tes coloris pour livrer au plus juste
la moindre des couleurs qui nous est une chance
demain, même ce soir, elle deviendra fruste.

Alors, toi dont les yeux peuvent voir l'inouï
ce qui, humble ignorant, ne saurait me paraître,
prends le temps qu'il te faut, je ne bouge d'ici,
je suis ton serviteur, ton abri, toi le Maître.

Par ton geste léger tu esquisses déjà
le profond, très profond, que je n'avais pas vu ;
tu retouches et reprends ce qui ne convient pas,
d'un trait, d'un arrondi, tu perçois le diffus.

Un saule ainsi prend vie sous ton charbon magique
puis un autre et, au fond, dans une basse brume
tu fais se détacher un envol féerique
d'oiseaux en migration dans leur plus beau costume.

Le parc grâce à ton art, le peintre, se magnifie ;
tu pourrais, je le crois, ressusciter la friche
et s'il t'était donné le don de mélodie
tes fresques, en opéra, trôneraient à l'affiche.

Jonché du pampre roux des arbres à l'automne,
sur le gravier dormant des sentiers esseulés,
l'artiste, en ce matin, et déjà j'en frissonne,
offre à dame nature son immortalité.

※

Le bruit

C'est un chuchotement, d'abord, qui s'extrait du silence,
presque hors de portée pour l'ouïe ordinaire
un clapotis vocal, comme un préliminaire
au murmure qui naît quand d'autres voix se lancent.

Rampant comme un reptile il prospère voilé
insidieusement il progresse et s'accroît,
perfide déploiement vers ce qui est sa proie,
savamment embelli par des langues zélées.

Nourri de vagues idées muées en certitudes
par le verbe imbécile diffusé entre niais,
il se gonfle à loisir de mots et maux ralliés
en se souciant peu de leur exactitude.

Pareille à une vague qui ne replierait pas,
irrésistiblement son onde court- marée !-
de "je sais" en "on-dit" sans omettre "il paraît",
conquérant son chemin avec maestria.

Amplifié par l'absurde de la masse anonyme
propagé volontiers par des bouches incultes
ce qui fût chuintement de corridors occultes
se transforme en axiome, certitude unanime.

Il enfle, s'amplifie, submerge irrépressible
jusqu'à se transformer en un arrêt létal
une condamnation, un jugement fatal,
envers celle ou celui qui est élu pour cible.

Cette arme fallacieuse, à l'usage des lâches ,
des fourbes, des malpropres, pourtant souvent bien nés,
relayée volontiers par d'idiots affidés
je la foule à mes pieds et sur elle je crache.

Un petit village

C'est un petit village autour de son église
bien loin des rues garnies des cités surchargées,
le dimanche, après messe, jour des blanches chemises,
on s'offre entre pays un petit blanc limé.

Le troquet, bien placé- juste face au curé-
qui est aussi bazar, boulanger, épicier,
fait son plus gros débit- l'office est une aubaine !-
car chacun, tour à tour, vient remettre la sienne.

Sur le plancher de bois qui craque à perdre haleine
tapent les pieds cirés confirmant les oui-da !
et le comptoir de zinc se charge des rengaines
de tous et de chacun : les soucis, les tracas.

La brune a mal vêlé, les foins n'en parlons pas,
quant au vétérinaire, parfois indispensable,
faut payer pour qu'il vienne, s'enflamme le Lucas !
tu gagnes un sou au champ, t'en paies dix à l'étable !

L'année, tous sont d'accord, n'a pas été si drôle
trop de pluie, de froidure et un été bien chaud
quant au gouvernement, il n'est pas de parole !
c'était mieux dans le temps!, affirme le Pierrot.

Dans le temps, c'était quand ? Les saisons qui défilent
semblent être à jamais figées en un tableau.
Travailleurs la semaine, le jour de l'évangile
               [donne à ces laborieux
l'occasion curative de soulager leurs maux.

C'est un petit village autour de son église
bien loin des bourgs nantis, des villes fortunées,
le dimanche, après messe, jour des blanches chemises,
on se refait le monde au petit blanc limé.

La Dalle de Passemorte

Sous le couvert d'un bois, celui de Passemorte,
qui borde, tout autour, le lac de Villeluy,
l'est une pierre grise que les vents et la pluie
érodent de concert en complice cohorte.

Sur cette roche plate, ce granit allongé,
quelques lettres gravées il y a bien longtemps
survivent, çà et là, à l'ouvrage du temps
laissant paraître un peu un nom presque effacé.

J'en connais le chemin, le sentier et mes pas
me mènent jusqu'au bord du lieu de cette tombe
pour retrouver la dalle sur laquelle retombe
les ramures aimées, précieuses à cet endroit.

Je sais que tu gis là, sous la lourde caillasse,
l'épée à ton côté, dans ta maille, étendu,
ô toi dont les exploits d'antan se sont perdus
en voulant que demeure l'obscur sur ta carcasse.

Inconnu du quidam, faute d'être initié,
le secret resté tu, transmis par les voies d'ombre,
en appelle au mutisme : "*Qui me dévoile sombre*"
ainsi dit ton blason en alerte éclairée.

Je fais partie de ceux, rares gardiens du sceau,
qui savent parvenir aux pieds de ton sommeil
qui espèrent encore, un jour, en ton réveil
dans un embrasement de gloire hors du tombeau.

Ce jour-là, ce jour-là, ainsi que promet l'écriture,
par ton arme sacrée tu pourfendras le vil,
tu frapperas l'infâme, tu mettras à l'exil
le méprisable avide et l'abjecte imposture.

Ce jour-là, ce jour-là,
chanteront les fleurs, les arbres et les oiseaux,
chanteront les abeilles, les loups et les agneaux,
les rivières, les fleuves, les rus et les ruisseaux,
et chanteront les justes.

※

Le bonheur est partout

Le bonheur ?
Il est partout.
Regarde !
Dans le cri d'un enfant qui joue,
dans son rire innocent.
Au bord d'un nid perché
où l'oiseau vient d'éclore,
dans l'air frais d'un matin
porteur d'arômes purs,
dans le premier rayon, là-bas,
qui flamboie l'horizon.
Le bonheur ?
Il est partout.
Regarde !
Dans la main qui se tend
dans des mots qui rassurent,
le sourire gratuit
d'un passant inconnu
que tu ne verras plus
mais qui te laisse au cœur
un bouquet de bonheur
qui ne fanera pas.
Le bonheur ?
Il est partout.
Regarde !
Dans les fleurs du jardin
qui font naître à la vie
les couleurs infinies,
les parfums inouïs,
dans les sous-bois tranquilles
où tes pas te promènent
emplissant tes journées
de joie et de beauté.
Alors toi, qui cherches le bonheur,
regarde ! il est partout.

J'ai cueilli le blanc flocon
il a calmé ma soif
abreuvé, je n'ai plus froid.

La forêt sombre et claire
emplit mon âme
de couleurs qui l'enflamment.

Sur le lac serein
voguent les amours calmes
la barque va tranquille.

Luberon radieux
parcourir ses empreintes
gagner le soleil.

La dame du marché

Elle fait son marché la dame, la pauvrette,
courbée sur les reliefs de légumes, de fruits,
mis de côté, jetés, au milieu des cagettes,
déblayés des étals sur le coup de midi.

Avec application elle trie sa conquête
surtout ne pas jeter ce qui peut la nourrir
laitue mélancolique, autant que poire blette,
ne méritent point, là, de venir se pourrir.

Il est bien mort le temps où l'on faisait ripaille
à sa table dressée de couverts inouïs,
aux mets dignes d'agapes sous les ors de Versailles,
bien loin des mies de pains qu'elle épargne aujourd'hui.

Son salon fréquenté d'un tout-venant à l'aise
fourmillait de bons mots et de cigares chers ;
on y chantait tout haut, parfois La Marseillaise
lorsqu'un gai général annonçait les desserts.

Les soirées de premières aux marches de Garnier,
au bras de soupirants empressés, généreux,
la voyaient resplendir dans ses robes signées
entourée d'un parterre aux regards langoureux.

Les ans qui ont passé, les lustres d'insouciance,
pèsent lourd à présent sur son dos fatigué
qui n'avait pas prévu qu'après l'imprévoyance
pouvaient venir des jours beaucoup moins distingués.

Les revers de Brongniart, le veuvage subi,
les amis dispersés, la famille oublieuse,
ont tôt fait de tarir le tout petit débit
qui subsistait déjà à l'état de veilleuse.

Depuis lors la pauvrette, la dame du marché,
s'en vient tous les mardis et vendredis matin
au son des douze coups pour aller moissonner
les trésors oubliés, quelque menu fretin.

Demeurée, malgré tout, d'une élégance innée
elle n'oublie jamais son chapeau à voilette
et ses gants de dentelle quelque peu élimée ;
la majesté- la vraie !- ne meurt pas de disette.

L'amour pour tous

Le sentiment d'amour, ce magnifique élan,
celui que l'on ne trouve qu'une fois dans sa vie
ne vient pas investir les cœurs en choisissant
elle ou lui, elle ou elle, lui ou lui !

Il naît, ce sentiment, il naît et il s'installe
en ne s'offusquant pas du choix qui est le sien,
en ouvrant à chacun une avenue royale
pour que deux cœurs unis poursuivent le chemin.

L'amour est pour quiconque, peu importe le sexe,
aimer n'est l'apanage d'aucun bord défini,
à ceux qui s'en offensent et qui pointent l'index
je dis : baissez la main et cessez l'hallali !

Un homme aime une femme, une femme aime un homme,
croyons-nous que l'amour ne s'arrête qu'à ça ?
L'amour est bien plus grand, universel en somme,
pensons-nous qu'il se dit : "eux, d'accord !", "pas ceux-là !" ?

Un homme aime un homme, une femme une femme,
qui sommes-nous pour dire que ce n'est pas normal ?
plutôt que de jeter la pierre, lancer le blâme,
entonnons avec eux, en chœur, l'hymne nuptial !

Tendresse

Dans ta douce prairie me perdre, mon exquise,
de tes butes et vallées maîtriser le dessin
du plus bas de ton être jusqu'au pic de tes seins
emprunter les chemins, voies de ma convoitise.

Je deviens conquérant de places admirables
ton alanguissement me contraint au sublime
ô ne pas bouleverser, ce ne serait que crime,
gagner sereinement les lieux de l'ineffable.

Sur notre lit profond comme insondable abîme
dans l'abysse appelé par nos sens éveillés,
lorsque nos désirs fous en loi sont érigés
nulle âme que la nôtre ne sait ce qu'ils expriment.

Sur ta couche complice par son satin de ciel,
dont l'infini moelleux engendre le magique,
je te suis jusqu'au seuil du monde séraphique
auxiliaire muet, témoin confidentiel.

De tes désirs, tes soifs, confie-moi le secret
j'obéirai, soumis, guide mes mains, mes doigts,
que je sois créateur d'ivresse oui, pour toi,
te mener, mon aimée, plus loin que l'éthéré.

Là, sur notre chevet, une lueur voilée
engendre tout autour de tes sommets et plaines
des ombres veloutées rendant de porcelaine
la pâleur admirable de tes îles émergées.

Partageons à jamais ces instants de bonheur,
que nos jours et nos nuits soient une mélodie
chant ininterrompu louant les interdits
à la gloire d'Éros le maître de nos cœurs.

Le Poète

La flamme chancelante
d'une chandelle déprimée
balaie, de sa lueur dansante,
les pages d'un miséreux cahier.

Une main appliquée- peut-être -
tient par ses doigts secs et noueux
un bout de mine qui a dû naître
d'un élagage laborieux.

Le poète écrit !
Il veut chanter la mer ; les mots, ce soir, le fuient.
Il rature ses vers et ses mauvaises rimes,
il revient sur ses phrases ; le rictus qui l'anime
annonce une mauvaise nuit.

Un châle sur le dos, il a froid l'artisan.
Dans sa mansarde nue, dépourvue de chaleur,
depuis les huisseries suinte la puanteur
de lustres écoulés- la misère des ans.

Il n'a mangé qu'hier ; un potage gagné
en récitant, glorieux, un poème fini
et par le bon-vouloir d'un aubergiste ami
qui lui permet, humain, de venir déclamer.

Il sait qu'il est porteur de tant de belles choses,
il suffirait d'un rien, d'un lecteur, d'une oreille,
pour qu'enfin, pense-t-il, son talent s'ensoleille
d'une reconnaissance, de ses vers, de sa prose.

Avoir chaud, enfin, et pouvoir délaisser ce verre,
ce mauvais vin qui l'aide à n'être pas gelé.
La foi en lui l'habite, il ne cédera pas, c'est juré !
La foi ! elle est parfois la voie qui conduit au calvaire.

La flamme chancelante
d'une chandelle fatiguée
balaie, de sa lueur mourante,
les pages d'un miséreux cahier.

Le poète écrit !
demain pouvoir manger.
Peut-être !

Provence quatre saisons

Printemps

Naîtront les jours meilleurs quand bourgeons aux ramures
sortiront de l'hiver les tiges endormies
pour porter au printemps Madame la Nature
trop longtemps, à mon goût, demeurée assoupie.

Alors belles aux jardins, dans leur mise dorée,
reviendront butiner le trésor des calices
en un léger ballet de joyeuses affairées
pressées d'en découvrir le merveilleux délice.

Nous reverrons enfin, dans leur robe légère,
ce que frimas passés nous avaient défendu,
sur leurs allées fleuries gracieuses jardinières
s'épanouir gaiement au doux temps revenu.

Été

Mes plages et mes rives jusqu'alors somnolentes
se couvrent d'épidermes assoiffés de soleil
en cliques disparates, comme issues d'un sommeil
qui les tenait captives, désormais indolentes.

Revenues pour un temps les meutes estivales
énorme carnaval, espaces surpeuplés,
qui consiste à savoir qui va le mieux griller
Ô que rapide soit le retour des rafales.

Automne

L'été s'en est allé.
Ma Méditerranée, libérée de ces hordes,
retrouve sa splendeur et sa virginité.
Sur le sable apaisé les vaguelettes abordent
sans plus aucune peur de se voir maltraitées.

Que la plage déserte est belle ce matin !
dans le silence ambiant, la légère mouette
qui glisse doucement dans le souffle marin
ajoute à cet instant son cri de reconquête.

Plus loin, dans les calanques, le flot calme et serein,
vient clapoter le pied des falaises escarpées
où nidifient, cachés, splendides souverains
protégés des intrus par les pins accrochés.

Hiver

La Provence endormie garde son ciel tranquille,
rares sont les froidures qui attristent ses nues,
si parfois une ondée s'en vient fraîchir les rues
le Mistral, notre ami, rend au soleil nos villes.

Dans les mas et bastides, là où l'âtre irradie,
crépite doucement hêtre ou bien chêne sec
léchant la crémaillère tenant au bout du bec
la marmite de soupe aux parfums du midi.

Le maître du mas

Tout au bout d'une allée d'oliviers centenaires,
sous l'énorme platane, une table et un banc
sur lequel, reposant, le seigneur de céans
tire sur sa bouffarde ; une scène ordinaire

en ce lieu où le temps a suspendu ses heures
conservant imprimées en autant de secrets,
dans la lourde bâtisse que rien n'a altéré,
les images d'antan, souches de la demeure.

Le patriarche est là, octogénaire vert,
dans son noir côtelé, sous son feutre passé,
bedonnant, il est vrai, mais l'œil clair aux aguets
il lorgne, vigilant, sur son vaste univers.

Nul besoin qu'il s'exprime, un seul geste suffit !
de sa canne tendue il montre la carence
qu'il convient de traiter avec la diligence
qu'il attend de chacun et de tous par ici.

C'est le maître du mas, le maître de ses terres,
il n'a jamais connu le moindre contredit
qui aurait donc osé se montrer bien hardi
pour tenter d'abuser son verbe autoritaire ?

Il n'y a pas si longtemps il parcourait encore
à dos de sa monture, superbe camarguais,
la plaine de la Crau sans jamais déléguer
le soin de rameuter son bétail et l'enclore.

Il veille sans partage sur le trésor, le sien!:
sa bastide, ses fils, son cheptel et sa femme
épousée par calcul beaucoup plus que par flamme
ses hectares et ses biens, hier voisins, mitoyens.

Une épouse effacée qui n'a connu, depuis,
que le deuil de ses robes et ses enfantements,
desséchée, distordue, fanée au sein du clan
qui ne l'aperçoit plus, celle que l'on oublie.

La vie s'écoule ainsi depuis l'immémorial
le maître et ses féaux, souverain et ses serfs,
affection insidieuse à l'instar d'un cancer,
l'amour pèse si peu face au patrimonial.

※

La messe

Aux places réservées près de l'autel du dieu
ils sont au premier rang, parmi leurs congénères,
en oignons exposés, du plus jeune au plus vieux,
dans le but espéré qu'il les voie en prière.

Ils ont leur nom gravé sur la plaque de cuivre
qui orne le dossier de leur chaise attitrée
et si leurs mains soignées tripotent leur saint livre
c'est pour être mieux vus de monsieur le curé

qui, d'un air entendu, depuis l'étal drapé
leur détache un sourire, retenu mais tangible,
une sorte d'aumône du pasteur aux huppés
bien qu'un peu détournée des valeurs de leur bible.

Les nantis du dimanche ne se mélangent point
à la masse anonyme du narthex exilé,
ils estiment essentiels le besoin d'être oints
proportionnellement au statut, au degré.

Ruisselant de sueur, pécheur et adultère,
s'épongeant la surface qui lui sert de frontal,
l'opulent du village, sponsor du presbytère,
boit d'un air attendri le prêche dominical.

Ses deux adolescents, venus là obligés,
louchent allègrement, se curant les narines,
vers la fille du maire et sur son décolleté,
attendant le miracle dès lors qu'elle s'incline.

Placée tout au devant, courbée comme un piolet,
l'usuelle promise aux quêtes inévitables,
égrène, mécanique, un piètre chapelet
tout en comptant d'un œil ses futurs redevables.

Regardez les cagots ! les bigots qui parient
sur l'éventualité d'une énergie divine,
sur un sait-on-jamais, un placement gratuit,
une heure dédiée ce n'est pas une ruine

et ça nettoie, croient-ils, les vilenies obscènes
des six jours précédents où la nef est plus loin
(on est moins regardant au cours de la semaine)
et puis...il y a confesse si tant est que besoin.

※

Toi

Tu es l'esprit présent
de ma pensée aride,
le verbe de mes sens,
les mots de mon mutisme,
le oui de mes refus
et de mon égoïsme.
Je ne te combats pas,
tu m'extrais du putride
où voudraient m'entraîner
mes veilles d'illusions.
Je suis le trait violent,
tu es la voix paisible
la douceur pour mes maux
le linge blanc de paix
de mes combats perdus,
le refuge feutré
de mes fuites éperdues.
Toi,
le havre bienvenu
de mes jours de tempête
l'abri, le nid, le cœur .

La louve

Elle n'est jamais loin la louve, la sournoise,
elle rode, attentive, dissimulée, perfide,
on ne l'aperçoit pas mais, tout près, elle toise
ses futures victimes de son regard sordide.

La fausse, l'hypocrite, l'abjecte inévitable
dans sa noire toison, l'œil perçant jusqu'à l'âme,
adversaire inflexible, rivale inéluctable,
patiente comme l'est sa certitude infâme.

Échapper quelquefois à sa griffe fatale
n'est qu'une heureuse aubaine, un répit provisoire
s'imaginer omis de sa faim cannibale
serait bien angélique, pour le moins dérisoire.

Il n'est pas de saison, pas d'heure, de seconde
où la fringale monstre de la bête affamée
s'estime rassasiée dans sa quête féconde
de mets riches ou pauvres, perdus ou réputés.

Son appétit immonde, sa soif irrépressible,
appellent ses entrailles à ne jamais céder.
Éternelle insatiable qui se sait invincible
elle bouffe, goulue, engloutit, se repaît.

Haïr sa face obscure, maudire son image,
décider, malgré tout, de l'affronter debout,
rien ne saurait gommer, quel que soit le courage,
l'obligatoire issue, l'ultime rendez-vous.

La plage vierge
quand vient mourir la vague
pleure la berge.

Cerisiers en fleurs ;
butinent les reines en or
j'attends le fruit.

Méditerranée
sans marées ravageuses
dort calme l'enfant.

Feuilles mortes qui chutent
chute l'été mort
morte la saison chaude.

L'Éphémère

Elle est d'un autre monde, celui des Éphémères.
Un rien la flétrit, un rien l'épanouit.
Elle vit en un lieu où le temps s'énumère
au rythme, un par un, des pétales accomplis.

Fragile, sensuelle, à nulle autre identique,
elle aime la nuit en douceur de l'été,
pareille à une fleur au parfum magnétique
qui repose en un lit de mousse et de rosée.

Ne pas la déranger, surtout faire silence,
ne pas effrayer la calme endormie
elle s'éveillera d'un baiser délivrance
qui portera l'amour à son âme alanguie.

Elle est d'un autre monde, celui des Éphémères,
un rien la flétrit, un rien l'épanouit.
Gardez-vous de froisser sa couche hospitalière
sans y être invité ; c'est elle qui choisit !

Ses heures sont comptées sans aucune indulgence,
demain qui viendra la verra s'en aller ;
alors, intensément, avant cette échéance,
se donner à celui qui saura sublimer.

Ne pas la bousculer, la savoir cœur fragile,
ne pas la presser vers le non-retour.
Abreuver tous ses sens de tendresse tactile
tout en lui chuchotant le plus beau des discours.

Elle est d'un autre monde, celui des Éphémères,
un rien la flétrit, un rien l'épanouit.
Son nom est un secret, il restera mystère
pour qui n'aura pas su accéder à son nid.

Liberté

Il est un mot honni des tyrans de ce monde,
oppresseurs guignolesques, sanguinaires déments,
un mot que, sans pudeur, dans leur égarement
ils écrasent du poids de leurs délires immondes.

Appelé par des masses obscures et anonymes
qui fondent leur espoir en sa lumière, un jour,
ils le veulent, aux frontons, pour y rester toujours,
et montrer le chemin, l'itinéraire ultime.

Il est un mot chéri dans le verbe de vie,
fragile mais drapeau des légitimes émeutes
vocable partagé quand l'affliction ameute
en une seule voix les gorges asservies.

Tant pour monter au front gagner la juste cause
que tomber sous les balles d'un abject peloton
dans un cri flamboyant venu du plus profond,
il est ce mot, le seul, superbe et grandiose.

Le transmettre, toujours, comme on donne un repère,
en l'écrivant partout, à l'instar du poète
dans son immense amour que son écrit reflète
pour ce mot qu'il sublime par ses vers légendaires :
Liberté !

En hommage à Paul Eluard

Auprès du ruisselet

Quand seront revenus les feuillages, au hameau,
nous irons, comme avant, nous étendre sur l'herbe
je te recouvrirai de fleurs nouvelles en gerbes
et nous écouterons la chanson du ruisseau.

Je connais bien le chant de l'onde en son berceau,
ruisselet gazouillant dès lors qu'il t'aperçoit,
il me dit que ton nom, ton visage, ton Toi,
ne sauraient être autres qu'une œuvre de pinceau.

Tournés les yeux au ciel, mon bras laçant ton cou,
je te raconterai des contes que je sais
histoires d'un homme fou ; d'amour, de ta beauté,
d'un homme fou de toi ; oui, traite-moi de fou !

Et nous resterons là regardant le soleil
parcourir doucement le travers des branchages ;
si je t'avais promis de demeurer bien sage
mon serment, je le crains, partira en sommeil.

Non, ne me gronde pas ! je ne fais qu'effeuiller :
je t'aime, un peu, beaucoup et puis passionnément,
j'entends mâles cigales qui stridulent gaiement
dois-je aussi, pour te plaire, me mettre à craqueter ?

Ma main libre caresse ton épaule et tes joues
non, ne me gronde pas ! c'est ta douceur magique
à l'instar d'un aimant, qui me rend héroïque
et j'ai le sentiment d'effleurer un bijou.

Quand seront revenus les feuillages, au hameau,
nous viendrons écouter notre belle Provence
étendus tous les deux et je sais par avance
qu'auprès du ruisselet nos moments seront beaux.

Les ombres de Vérone

Lorsque est venue la nuit sur Vérone, sans bruit,
quand la vieille cité n'est plus que de silence,
deux ombres enlacées tout doucement s'avancent
par les rues endormies, deux ombres réunies.

Deux ombres enlacées, deux ombres du passé,
deux âmes, deux amants, merveilleuse tendresse,
indicible moment qu'une brise caresse,
deux ombres du passé continuent de s'aimer.

Le temps suspend son temps, le présent n'a plus d'âge,
nul ne saurait troubler le cœur de ces deux-là ;
si tu les vois passer, si tu les aperçois,
ne crois pas au mirage, tu les croises vraiment.

Lorsque est venue la nuit sur Vérone, sans bruit,
deux ombres enlacées sur les ponts de l'Adige,
deux ombres du passé, à l'heure où tout se fige,
lorsque plus rien ne vit, conjuguent l'infini.

Provence

En Provence, vois-tu, ce n'est pas comme ailleurs.
Qui n'a pas vu ma terre
ne sait pas ce que c'est que toucher au sublime,
boutant tout autre lieu au détail de l'infime.

Est-il, existe-t-il, en quelque endroit du monde
modèle d'expressions plus complexes à narrer ?
Du plus sombre au plus clair, lorsque l'œil vagabonde,
mille effets d'arcs-en-ciel ne sauraient mieux griser.

Ne cherche pas l'endroit où fut le lieu d'Éden
sans aucun doute, aucun, tu en foules le sol
renifle son espace, capture ses pollens,
tu sentiras ton corps frémir d'un amour fol.

En Provence, vois-tu, ce n'est pas comme ailleurs.
Qui n'a pas vu ses nues
ne sait pas ce que c'est qu'atteindre la lumière,
boutant au rang du noir toute flamme étrangère.

Au détour d'un relief se dressent, en îles fières,
des villages accrochés en ciel immaculé,
sentinelles d'antan, en veille séculaire,
aux ruelles conçues pour l'ombre recherchée.

De collines pelées en pinèdes ombragées,
de Mistral qui rend fou en soleil ravageur,
tout ici est passion, jusqu'au verbe imagé ;
exagérer un peu… ne fait pas un menteur.

En Provence, vois-tu, ce n'est pas comme ailleurs.
Où pourrait-on trouver
en un unique écrin autant de fulgurance :
la Méditerranée, le Rhône, la Durance ?
Non, vois-tu, nulle part ne bat un même cœur.

La plaine

Sous un ciel que Vlaminck n'aurait pu renier,
volent un peu plus bas les gardiens de la plaine,
ombres sans-gêne.
Le silence pesant s'alourdit de leur cri,
grinçant comme un signal pour qui voudrait entendre
et bien comprendre.

Jusqu'à perte de vue, la terre ensemencée
forme un damier géant aux couleurs assombries
comme endormies.
Les lourds nuages bruns qui suggèrent le pire
au-dessus suspendus, menaçants, immobiles,
veillent impassibles.

L'irréel est présent, palpable,
profondeur insondable.
La nature, en trésor offerte, à l'humain dévoilée,
impose sa puissance, force à l'humilité.

Semblant chercher sa voie par son tracé d'errance
une route s'en va, là-bas, vers la Durance,
orpheline de tout, en lacets inutiles, abandonnés de vie,
cheminement futile.

S'asseoir sur un talus, suspendre un temps ses heures,
savoir saisir l'instant où la magie affleure,
s'imprégner jusqu'au fond, sentir le magnifique,
embrasser d'un regard ce qui touche à l'unique.

Palette de génie, nuances insoupçonnées,
tout est, en un seul lieu, œuvre de transcendance,
patchwork immense.
La plaine, en ce matin, offre à qui sait la voir
le spectacle inouï de l'inimaginable,
de l'ineffable.

Ma fille, mon amour
(à Véronique)

S'il m'était, par bonheur, permis de tout refaire,
retrouver le chevet de ton tout premier jour,
pouvoir, à volonté, revenir en arrière
je marcherais vers toi, ma fille, mon amour.

Je marcherais longtemps, peu m'importe la route,
sans porter attention aux chemins empruntés
fussent-ils parsemés de misère et de doutes
je marcherais longtemps et sans me retourner.

Les heures, les années, vécues sans ta présence,
les heures, les années, qui me voyaient sans vie
égaré, comme mort, tué par ton absence,
ces heures, ces années, ne seraient plus qu'oubli.

Ma fille, mon amour, cœur du cœur de mon cœur,
je te tiendrais la main pour ne plus la quitter
afin qu'aucun moment ne t'apprenne la peur,
je serais, comme avant, ton humble chevalier.

Désormais exaucés, être seuls tous les deux,
réunis comme au temps où, devenue l'Unique,
mes yeux remplis de toi ne parlaient qu'à tes yeux
dans un tendre duo de passion magnifique.

Je poserais, en fleur, sur ta lèvre innocente
un tout petit baiser pour ne pas t'éveiller
et je caresserais de ma main impatiente
le visage d'un ange, d'un soleil incarné.

Tu grandirais, sans crainte, abreuvée de douceur
veillée comme, en jardin, peut l'être une orchidée
jamais, non, plus jamais, ne restant esseulée,
je me ferais géant pour mieux te protéger.

S'il m'était, par bonheur, permis de tout refaire,
revenir au chevet de ton tout premier jour,
pour faire de ta vie un monde de lumière
je n'aurais d'autre voie, ma fille, mon amour.

※

Te souvient-il du mois de mai ?

Te souvient-il du mois de mai Béatrice ?
nous étions le dix-sept et je ne vis que toi.
Que ce jour est lointain ! et pourtant si présent.
Sur ta robe d'azur, légère en ce beau temps,
vaguaient tes longs cheveux comme dansent les blés.
M'avais-tu aperçu ? je ne saurais jurer
mais sans chercher longtemps, j'ai su que je t'aimais.
Que portais-tu en toi, quel était ton mystère ?
Mon âme fut émue, je peux te l'avouer,
un rayon de soleil m'apportait la lumière
en ce jour de printemps brilla le plein été.
Te souvient-il du mois de mai ?
par quel tour du destin, quel hasard malicieux
nous trouvions-nous ici, présents au même lieu ?
Penser qu'au grand jamais je ne devais venir
et que, de ton côté, ta vie était ailleurs
me fait froid dans le dos- rétrospective peur-
nous n'aurions jamais pu connaître le bonheur.
Quelques timides mots, échangés poliment,
devinrent peu à peu des phrases amicales ;
bien que n'excellant pas dans le chant des cigales
j'ai pu voir l'indulgence dans ton regard d'enfant.
La foule, autour de nous, qui cessait d'exister,
laissa place aux refrains d'un orchestre invité ;
j'ai osé, j'ai osé ! j'ai pris ta main- fébrile !-
je souris, aujourd'hui, de cet instant puéril
où je me suis senti héros parmi les grands.
j'ai pris ta main, c'est vrai, tout à fait tendrement
J'ai pris ta main, c'est vrai, et tu me l'as laissée.
Te souvient-il du mois de mai, Béatrice ?
nous étions le dix-sept et je ne vis que toi.
Que ce jour est lointain ! et pourtant si présent.
Nous étions le dix-sept et je naquis de toi.

Lorsque l'hiver...

Lorsque l'hiver, un jour, sera notre saison,
que les cycles écoulés seront nos souvenirs,
quand nos pas seront moins assurés, à raison,
je te tiendrai la main pour mieux te soutenir.

Cette main que jamais, en notre vie durant,
je n'aurai délaissée ne fût-ce qu'un instant
je la veux encore plus, aujourd'hui, dans ma main,
la serrer contre moi, jusqu'au bout du chemin.

Mon corps n'aura, sans doute, plus autant de vigueur,
nous en rirons, je sais, car je te connais bien,
mais mon regard sur toi aura cette lueur
qui est née dans mes yeux le jour où tu me vins.

Nos heures seront douces, elles l'ont toujours été,
je te ferai la cour- je n'ai jamais cessé-
et je te redirai le bonheur d'être à toi,
je te reparlerai du dix-sept quelquefois.

La peur qui m'étreindra de te laisser un jour,
n'aura d'équivalent que celle de te perdre ;
cette peur est en moi- anxiété sans recours-
comment n'y pas penser, ma douce, mon amour ?

Si le Ciel le pouvait, si le Ciel voulait bien
nous accorder la joie d'exaucer notre vœu
notre désir, le seul, le dernier s'il le veut,
serait pouvoir, lorsqu'il faudra, partir tous deux ensemble.

Viens avec moi !

Toi qui es seule ou seul et qui, les soirs de fête,
entends, tout au dehors, les rires enjoués
en grillant coup sur coup toutes tes cigarettes
pour chercher dans leur brume un moyen d'exister,
viens avec moi !

Je te ferai connaître le secret des collines,
celles que le soleil baigne à longueur d'année
là où, dans le maquis, les lièvres se dandinent
parce que nos Tartarin sont un peu empruntés.

Je te ferai connaître l'odeur des plantes riches
le thym, le romarin, l'estragon, la sarriette,
celles qui sont partout, jusque dedans la friche,
et qui viennent égayer le goût de nos assiettes.

Viens avec moi !
Je te ferai connaître le soleil qui se couche
sur un mas camarguais surmonté de sa croix
tu verras les gardians, ils ne sont pas farouches,
qui ramènent au bercail leurs taureaux en convoi.

Et là tu pourras vivre ce qu'est la vraie ferrade,
la folie d'un terroir qui peut durer des nuits ;
tu auras des amis- plus que des camarades ! -
tu ne connaîtras plus ce qu'est le mot ennui.

Viens avec moi !
Je te ferai connaître une mer sans marée,
ou si légère, en fait, qu'elle ne trouble pas,
tu y découvriras des calanques rêvées
il y en a des dizaines faites rien que pour toi.

Tu étais seule ou seul, tu ne le seras plus,
tu t'es ouvert au monde et ce monde est à toi,
les amis tu les as, tu ne les perdras plus ;
il suffisait, vois-tu, de venir vers chez moi !

※

Les errants

Au hasard de chemins, de sentes et de routes,
des destins oubliés, des vies nourries au doute,
traînent leur destinée marquée par les revers
de rêves utopiques ; interminables hivers.

Conjuguant le bonheur au temps conditionnel
recevant le présent comme un fardeau cruel,
ils vont, errent, divaguent ; souvent un chien perdu
partage, famélique, leurs miettes répandues.

Qui pourrait distinguer parmi ces sorts rayés,
nomades volontaires ou fortunes noyées
tant la contiguïté, par sa toute puissance,
transforme en des jumeaux des uniques naissances ?

Nantis de leurs fardeaux, disputés aux poubelles,
de reliefs d'autres vies certainement plus belles,
ils s'estiment encore comme privilégiés
face à d'autres d'entre eux, nouveaux crucifiés.

Je ne peux m'empêcher de faire un parallèle
avec nos dirigeants, de quelque bord qu'ils bêlent,
sont-ils donc innocents, aveugles, déserteurs,
ou n'ont-ils d'intérêt que pour les gros porteurs ?

Le froid est bientôt là ; l'enfer ne sait tarder
lorsqu'il sait- il sait tout ! – que des aventurés
sur les voies de son antre, pavées de non-retour,
seront faciles proies à chaque carrefour.

Les errants, les omis, les sans voix, les perdus,
multitude ignorée, infime- prétendu ! –
ces hommes, ces enfants ou encore ces femmes,
ne faisons pas partie de ceux qui les affament.
Portons haut, portons fort, le verbe secourir.

L'amour

L'amour !
Étonnant sentiment et pour le moins étrange
qui vient sans prévenir ; résultat d'un regard,
d'un geste, d'un hasard.

Parfois même un seul mot, glissé dans un échange,
provoque une émotion que l'on n'attendait pas ;
une impression curieuse, un bizarre mélange
où s'amalgament paix et profond branle-bas.

L'amour !
Violent et doux poison pourtant indispensable,
toxine recherchée, espérée, essentielle ;
nécessaire venin d'où naît le corvéable
mais ô combien voulu par lui comme par elle.

Il est paradoxal, voire même incroyable,
que ce bouleversement, ce chaos désiré,
abolisse d'un coup les remparts souhaitables
laissant tout un chacun atteint de cécité.

L'amour !
Un sentiment curieux et pour le moins étrange
qui saisit par les sens ; résultat d'un regard,
d'un geste, d'un hasard.

Il naît incidemment, sans aucun préavis,
comme une sensation ressentie violemment
mais exquise violence, presque une mélodie
émanant de l'artiste, Cupidon l'insolent.

L'amour !
Étonnant sentiment et pour le moins étrange.

Écoute le Mistral

Écoute le Mistral ! écoute, il te raconte !
Il connaît des histoires et de merveilleux contes
qu'il glane patiemment lorsque sur les chaumières,
sur les plaines, les terres, il chasse le nuage et donne la lumière.

Descendant la vallée et jusque sur la mer,
il porte en sa puissance les mots d'un univers
que seuls peuvent entendre ceux qui savent écouter ;
pose-toi un instant, essaie de t'imprégner !

L'entends-tu raconter cette histoire, en Camargue,
où, pris d'un amour fou, Jan un jour en mourut ?
Et cette belle chèvre, tentée par la montagne,
mais qui n'en revînt pas lors du matin venu ?

Il sait, par cœur, les lettres du moulin de Daudet
et, si tu l'entends bien, il saura te conter
mille péripéties avérées ou légendes,
qui fleurent le Midi, le thym et la lavande.

De Marius à César, à la gloire du père,
du schpountz pas si bêta, au château de la mère,
il saura relater, de Pagnol, chaque page
cet enfant Aubagnais, monarque du langage.

As-tu connu Mistral, ce glorieux homonyme ?
Frédéric pour prénom, qui porta au sublime
la langue d'oc- trésor ! – jusque là délaissée,
pour la chanter en vers ; Mirèio en naissait !

Il ne faut oublier un autre grand auteur,
Giono le Manosquin qui fut le créateur,
sinon l'instigateur, de tant d'œuvres et de films,
qui savait nous narrer les détails de l'infime.

Je suis demeuré court sur les énonciations
des pas de ces géants, qui sont nos fondations,
mais n'aies aucun souci, chaque jour de Mistral
t'apportera le rêve, car il est sans égal.

Il ne fait que passer ce traqueur de nuages,
mais il s'en reviendra lors d'un risque d'orage
pour nettoyer ce ciel qui n'est à nous que bleu,
et nous livrer encore la chanson de nos dieux.

※

Une flamme demeure

A ceux qui ont connu ou qui encore connaissent
l'effroyable douleur d'avoir perdu un cœur,
d'avoir perdu une âme, d'avoir subi l'horreur,
à ceux qui, crucifiés à l'indu Golgotha,
en appellent à la fin tant le calvaire est grand,
à ceux-là je leur dis : ne désespérez pas !
Le cœur, l'âme, la vie qui échappent à vos yeux
le cœur, l'âme, la vie que vous n'étreignez plus
n'ont pas cessé de battre, d'exister ou de vivre ;
ici ! tout près de vous.
Une flamme, flammèche, une lumière est là.
Nul ne quitte qu'il a tant aimé.
Poursuivez le chemin pour que l'éclat persiste
que tout demeure beau.
La plus grande, la plus belle, la plus courageuse,
la plus merveilleuse chose que vous puissiez faire :
continuer de vivre pour que toujours perdurent
l'amour que vous avez donné, l'amour que vous avez reçu.

À toi, mon amie

J'ai appris aujourd'hui le poids qui t'insupporte.
Ce calvaire, tourment, innommable supplice ;
parmi les maux honnis et leur noire cohorte
tu es crucifiée par le plus vil en lice.

Je sais qu'aucun des mots de notre belle langue
ne saurait apporter la moindre rémission ;
cette incapacité qui rend ma plume exsangue
me porte à exécrer ma faiblesse sans nom.

Le destin inhumain, lorsque tout était beau,
a frappé par la main d'un coupable tueur,
emportant à jamais des vies vers leur tombeau
un jour où le soleil, pourtant, luisait aux cœurs.

Ne fais pas attention à cette tache claire
qui souille quelque peu le cours de mon écrit
je n'ai pu retenir une larme ; tolère
qu'elle vienne traduire mes traits, sinon mes cris.

Tu marches, depuis lors, sous la croix douloureuse
qui marque jusqu'au sang chacun de tes soupirs
et si parfois tu tentes de te montrer heureuse
je sais bien que tes plaies ne peuvent s'affranchir.

N'oublie pas, toutefois, ce qu'un jour j'écrivais
sans savoir pour autant que je touchais ma cible,
lorsque je déclarais qu'une flamme restait,
non pas une mais deux sont près de toi, paisibles.

Femme

D'une côte de l'homme, divinement ôtée,
naquit en un jardin la grâce et l'élégance.
Unique original, archétype parfait,
divine création porteuse d'espérance.

Élue pour être aimée, chérie, glorifiée,
elle s'appela Femme.
Œuvrée pour façonner un monde qui germait
et en être la flamme.

Femme !
Tout un monde en ce mot si court à prononcer.
Indivisible sceau d'un univers en peu de lettres,
inénarrable suprématie de l'Être,
racine de toute chose, passée, présente et à venir.

Femme !
Deux syllabes.
Une rime admirable sur Aimer, Amour, Toujours.
Syllabes éternelles.
Mystérieuse alchimie du simple et du complexe.

D'une côte de l'homme, divinement ôtée,
naquit en un jardin la Première de toutes.
Femme !
inestimable don, compagne de nos jours,
que serait l'homme, pauvre hère, s'il ne croisait ta route ?

L'espoir

Elles m'avaient quitté, j'étais abandonné,
tout seul, comme orphelin, ô méprisable sort,
amputé de leur souffle, aux portes de la mort,
lorsque l'âme n'inspire, expirent les idées.

j'ai saisi mille fois ma mine- l'insolente !-
ce morceau de charbon, pourtant taillé d'amour
mais incapable, en fait, de venir au secours
d'un esprit abîmé comme une vieille plante.

Errant de rimes fausses en vers sans intérêt,
à l'instar d'un mendiant qui cherche sa pitance,
mon imagination, vouée à la potence,
élevait vers le ciel des prières ignorées.

Vide comme une cruche au terme du banquet,
aussi sec que peut l'être un lit sans son ruisseau,
je me suis apparu comme le jouvenceau
qui voit partir sa mie en restant sur le quai.

Je fonde mon espoir de raviver ma flamme
dans la fraîcheur nouvelle des soirées, revenue,
dans les matins naissants sur les perles menues
qui portent en leur cristal les mots en oriflamme.

Alors dans le silence de ces instants précieux,
pris par la main aimable de mon inspiratrice,
je pourrai, je le crois, sceller mes cicatrices
et noircir de nouveau mon papier ambitieux.

Mon île

Je suis de quelque part, d'ailleurs,
de ce lieu que quiconque ne saurait approcher
tant de hautes murailles en protègent l'accès.

J'y vis seul, promeneur, flâneur,
entre songes utopiques et rêves éveillés,
regards vers une mer que j'aime imaginer.

Mon île -mon rocher - n'a ni plage ni sable,
nulle rive sinon, par-delà l'exprimable,
celle que j'ai saisie, volée aux alizés.

J'y voyage au long cours, immobile et pensif
comme vogue l'esprit, sans crainte du récif,
et les courants porteurs qui m'entraînent au loin
me ramènent au port lorsque l'azur se teint.

Je suis de quelque part, d'ailleurs,
de ce lieu que quiconque ne saurait pénétrer
tant d'immenses interdits en condamnent l'entrée.

J'y vis m'abandonnant, rôdeur,
entre étoiles filantes et mondes éthérés
regards vers l'inconnu que j'aime retrouver.

Mon île -mon rocher, mon secret, mon refuge
protégée du mortel, gardée hors les déluges,
abritée des folies, ouverte à mes chimères,
mon île, mon rocher, mon souffle, ma lumière.

A la fontaine de ton cœur

A la fontaine de ton cœur
je viendrai boire l'onde fraîche
et que quiconque ne m'empêche
au risque de voir ma fureur !

J'ai traversé tant de déserts,
survécu à tant de naufrages,
j'ai soif d'amour et de partage,
je suis survivant de l'enfer.

A la fontaine de ton cœur
laisse-moi boire à satiété,
me griser jusqu'à m'enivrer
je veux exorciser ma peur !

Peur d'encore perdre de nouveau,
peur de ne plus être aimé
de me livrer les poings liés
de retrouver mes oripeaux.

A la fontaine de ton cœur
je suis venu trouver la source
et terminer ma folle course
à la recherche du bonheur.

Je t'ai imaginée sans cesse,
je dessinais tes traits divins
depuis le fond de mon ravin
où m'avait mené ma détresse.

A la fontaine de ton cœur
laisse-moi boire désormais
jusqu'à plus soif, mon adorée,
pour que l'amour sorte vainqueur.

Il faut parfois longtemps

Il faut parfois longtemps pour saisir une image
qui deviendra un mot, et peut-être une page,
la disposer au mieux, lui donner l'élégance
qui lui apportera toute sa pétulance.

Une image- un seul mot- supporte tout un texte ;
que le cliché soit gris sinon tout en couleurs,
il soutient l'édifice, promeut tout le contexte,
trouver le terme idoine peut requérir des heures.

Les images, les mots, défendent leur pudeur
conjecturer les mettre là où ils ne voudraient
serait faire une outrance à leur sens de grandeur
et mènerait tout droit à un devoir bâclé.

Trouver la résonance dans une rime riche
n'est pas aussi aisé, quoi qu'on puisse en penser ;
croire ou imaginer que le lecteur s'en fiche
c'est faire peu de cas de son œil affûte.

Le lecteur, justement ! celui par qui l'écrit
ne serait que brouillon s'il ne le traduisait.
Celui qui sait trouver dans le cours d'un récit
l'émotion génitrice, son fondement caché.

Il est vrai, il est sûr, qu'un texte sans lecteurs
n'est autre qu'un espoir demeuré lettre morte,
un papier imbibé, un plateau sans acteurs,
on voulait un enfant et tout l'esprit avorte.

C'est vrai qu'il faut du temps pour saisir une image
qui deviendra un mot et peut-être une page,
qui contraindra l'auteur à sublimer sa sève
pour donner à des yeux un chemin vers le rêve.

La vieille

Ils l'appellent "la vieille", les enfants du jardin.
Dès le premier soleil, assise sur un banc proche de la fontaine,
nourrissant les moineaux, peut-être une dizaine,
elle est venue s'éclore au printemps en éveil.

Comme sortie vainqueure d'un hiver redouté,
pressée, comme la fleur, d'enfin s'épanouir
elle égrène ses jours dans un profond désir
que le soir qui viendra ne soit pas le dernier.

Par petits gestes brefs elle donne ses miettes
aux frêles emplumés devenus familiers
sautillants, s'ébrouant, heureux comme à la fête,
ils vont, sans avoir peur, quémander à ses pieds.

Elle sourit, la vieille, aux doux rayons du ciel,
et si sa peau ridée, séchée par les années,
s'étale en vagues mortes sur son corps fatigué
ses yeux restent les mêmes, quand son regard de miel
se pose sur l'enfant qui vient la taquiner.

Ils l'appellent "la vieille", les petits galopins ;
aux premiers jours de vie, on est parfois cruel,
on n'est pas en nuances.
Loin de nous la pensée qu'un jour, notre échéance
nous mènera nourrir les moineaux du jardin.

Bambin ! lorsque tu vois marcher péniblement
une "vieille" ou un "vieux" qui croise ton chemin,
n'aies crainte de saisir son bras, sinon sa main,
et sois, pour un instant, un don réconfortant.

Le Prisonnier

Je suis à ta merci, je renonce, je cède,
je me livre, vaincu, cœur et âme liés,
face à l'adversité- tes armes, ta beauté-
j'implore ta clémence ; entends ma voix qui plaide !

Par quel sort pernicieux, quel fatal maléfique,
me suis-je aventuré jusque dedans tes pièges ?
J'ai goûté ta splendeur et mes doigts, en arpège,
ont parcouru ton corps jusqu'au contre ut magique.

Me tiendras-tu longtemps esclave de moi-même,
détenu, prisonnier, famélique captif ?
Je veux me détacher mais mon geste instinctif
me fait serrer plus fort les liens qui me blasphèment.

Qu'as-tu donc fait de moi, qu'attends-tu de ma chute ?
Quel philtre monstrueux m'as-tu fait ingérer ?
Tu m'as ouvert la voie qui mène à l'éthéré
et dardé cette extase qui déjoue toute lutte.

Dois-je m'abandonner, me faire une raison,
oublier qui je suis sinon être ta chose ?
Moi qui m'imaginais jouer en virtuose,
j'ai approché ta vie, perdu mon diapason.

Je suis à ta merci, je renonce, je cède,
j'abandonne, battu, ce qui un jour fût moi,
j'accepte, sans question, de demeurer ta proie
car j'ai compris, je sais, mon mal est mon remède.

Nuits blanches

Ô toi maudite fleur qui hantes mes nuits blanches,
quand blanches sont mes nuits ton parfum m'envahit
et je sens les épines, qui me sont des orties,
de ta tige tendue pour flageller mes hanches
mon flan, mon dos, mon ventre et mes rêves perdus.

Toi qui emplis mes heures de grossiers cauchemars
jusqu'aux lueurs du jour où mon esprit otage
tente de se défaire du poids de l'héritage
que tes pétales glauques m'insinuent par leur dard,
lugubre exhalaison, arôme corrompu.

Ô fleur, toi qui me laisses en miettes,
j'ai devoir de cueillir de mes dents acérées
la vie qui coule en toi, ton venin, ta cigüe,
ton arsenic vital et ta sève ambigüe
qui sont autant de mots, de vers inexplorés.

Dans la vapeur infecte de ma blonde filtrée
qui me traîne aux confins de ton jardin du diable
ne me crois pas perdu, ne me crois pas maniable,
j'arracherai ton cœur ô fleur, cible attitrée,
j'effeuillerai ta robe comme un fruit défendu.

Lorsque plus rien de toi n'approchera mes nuits,
que je serai repu de ce qui fût ta force,
qu'auront cicatrisé mes membres et mon torse
je pourrai retrouver les chemins éclaircis
de mes songes éveillés, ô fleur enfin vaincue.

L'éternelle fleur

C'est l'histoire extraordinaire
d'une fleur qui ne fanait pas,
jalousée par ses congénères
toutes vouées à leur trépas.

Un mystère pas très ordinaire
quand on sait la fragilité
d'un pétale qui rejoint la terre
dans sa voie de fatalité.

La rose, s'estimant la reine,
demanda quel était son nom,
demanda quelle était la graine
qui permettait un tel aplomb.

L'orchidée ne comprenait pas
qu'un trésor aussi précieux qu'elle
n'ait pas la joie, n'ait pas le droit,
parmi ses sœurs d'être éternelle.

Jonquille, lavande, fleur de lis
étonnées d'une telle chance,
entonnèrent un de-profundis
se sentant, elles, perdues d'avance.

Quelle que soit la saison, le temps,
la froidure d'hiver, la chaleur de l'été,
la splendeur de la fleur demeurait au printemps,
en son image de pureté.

S'en vint coquelicot, flâneur des champs,
qui déclara savoir qu'icelle
portait un nom plutôt charmant,
peu répandu mais immortel.

Le nom de cette fleur, dit-il, c'est "la fleur du poète".
Elle vit dans un cœur de lune et de sagesse
bien qu'un peu fou, parfois, mais ô combien prophète,
elle porte en prénoms : amour, passion, espoir, tendresse.

*

Le nom de la dose

Tu ne sauras mon nom qu'au terme du voyage,
dans les derniers instants qui te seront donnés,
qui te verront enfin libre de l'esclavage
dans lequel, corps et âme, tu t'es abandonné.

A rechercher l'ailleurs, l'utopique mieux-être,
la chimérique rive, l'irréelle banlieue,
ton présent s'est perdu pour vouloir trop connaître
l'hermétique vallée inaccessible aux yeux.

Tu as passé ton temps, ta vie, tes belles heures
à sonder les abîmes, rechercher l'autre-part,
propulsé par mon œuvre, moi qui ne suis qu'un leurre,
mais lorsque l'on m'aborde, regretter est bien tard.

Tu te souviens du jour où tu as cru- léger !-
que tu pouvais m'aimer sans que je me cramponne,
sans que je fasse rien qui puisse t'amarrer ;
me croyais-tu si faible ? Je donne et je rançonne !

On ne se sort jamais de ma perfide emprise
tant d'autres ont essayé mais y sont revenus ;
j'incruste si profond le besoin, que se brisent
les rejets les plus forts, les dénis, les refus.

Je te menais jusqu'où vivait ton chimérique,
consciencieusement ; c'est toi qui décidais !
me reprocherais-tu d'être machiavélique
alors que ce n'était que par ta volonté ?

Tu ne sauras mon nom qu'au terme du voyage,
quand ta mèche épuisée n'aura plus de lueur,
parvenu à l'état où rien, dans ton sillage,
ne saura évoquer la main du Créateur.

Alors il sera temps de savoir qui je suis !
le nom de cette chose dont tu gavais ton corps,
le nom de cette dose que tu as tant chérie,
oui, le nom de la dose est simplement : la mort !

Un train nommé peut-être

A l'autre bout du quai, dans le froid de la nuit,
une femme sans âge perdue dans ses pensées,
enveloppée de noir dans un manteau sans joie,
à l'autre bout du quai immobile elle attend.

A l'autre bout du quai, sous un ciel qui menace,
une femme sans âge, qui fuit plus qu'elle part
son regard n'est pas là, ses yeux ne voient personne,
à l'autre bout du quai, immobile, elle attend.

Elle attend un convoi, un train nommé peut-être,
un train nommé demain,
un train nommé plus loin.
Elle attend un départ
un départ, un de plus,
vers ailleurs, vers là-bas,
autre quai dans le froid.

Elle attend un convoi, un train nommé peut-être,
un train nommé bonheur,
un train nommé douceur.
Elle attend un départ,
un tout dernier, un vrai,
elle se l'est juré.

A l'autre bout du quai, dans le matin qui naît,
une femme sans âge, noyée dans son passé,
enveloppée de noir dans un manteau sans joie,
une femme se perd face au vide des voies.

Elle n'attendra plus à l'autre bout du quai,
son train nommé peut-être ne s'est pas arrêté.

Viens !

Viens jusqu'à moi, veux-tu ?
Viens te blottir tout près, encore plus près.
Ton front sur mon épaule, dans le creux de mon cou,
et ta main dans ma main.

Restons là tous les deux, veux-tu ?
Laissons passer le temps, le temps pressé ;
nous avons tout le nôtre, laissons courir les fous,
suivons notre chemin.

Un seul instant, veux-tu ?
Un seul instant de toi, instant de moi ;
un seul instant de nous, hors d'un monde impatient,
pourquoi hâter demain ?

Laissons passer les jours, les heures, les secondes,
au rythme de nos cœurs aux pensées vagabondes
l'horloge du salon, balancier immobile,
nous suggère la voie pour nos duos tranquilles.

Viens jusqu'à moi, veux-tu ?
viens te blottir tout près, encore plus près !
Replongeons dans nos rêves, partageons ces moments,
et conjuguons aimer.

Femme libre

Essaie de la saisir !
Essaie de la dompter !
Tu n'y parviendras pas,
elle te glisse entre les doigts ;
elle ne veut être esclave que de son bon vouloir,
elle est la femme libre.
Toi qui veux l'attraper, toi qui la vois en songe,
es-tu sûr de savoir ce qu'un rêve fragile
peut en somme coûter lorsque le jour prolonge
l'utopie d'une nuit, friable comme argile ?
Elle est la femme libre.
Elle, esclave ? Jamais !
Essaie de la saisir !
essaie de la dompter !
tu n'y parviendras pas.
Elle se rit de ton envie, tu n'es que son jouet,
insaisissable et vaporeuse, comme volute de fumée,
elle s'enfuit d'entre tes doigts ; veux-tu l'emprisonner ?
Tu ne le pourras pas et nul n'y parviendra.
Elle est la femme libre.
Boutant les tentations qui ne sont pas les siennes
elle décide, impose, elle dirige, orchestre.
Dans le bal de son cœur c'est toujours elle qui mène.
Elle, captive ? Allons donc !
Ne te risque jamais à la croire soumise.
Vaincue elle ne l'est que pour son bon plaisir
n'espère pas de temps, c'est elle qui maîtrise ;
tu ne restes, pour elle, qu'objet de son désir.
Essaie de la saisir !
Essaie de la dompter !
Tu n'y parviendras pas,
elle te glisse entre les doigts.

Un rêve

J'ai rêvé un monde
duquel seraient bannies
turpitudes immondes
et autres ignominies.
Honnis la jalousie,
la haine, le venin,
rejetés le mépris,
l'insulte, le dédain,
un monde nettoyé,
dénué d'artifices,
du mensonge exécré
et autres maléfices.
Un monde fait de bleu,
de mains ouvertes aux mains,
de sourires radieux,
un nouveau quotidien
où l'impérieux désir
par chacun éprouvé,
ne serait que chérir,
ne serait que d'aimer.
Mon rêve, n'est qu'un rêve,
un onirique vœu,
et quand la nuit s'achève
tout est moins prodigieux
mais je veux croire encore,
et je croirai toujours,
que les maux que j'abhorre
ne sont pas sans recours.
J'ai espoir en l'Humain
et en sa volonté
de faire que demain
naisse un monde de paix.
Bien sûr d'aucuns diront, je sais,
qu'encore je rêve.

Les naufragés

Ils savent, elle et lui, ils savent sans le dire,
ils savent que demain sera un jour- le pire-
qui aura un matin où la vie se déchire
sans un cri, sans un mot, sans éclats, sans maudire,
un matin fait de gris, inexorablement,
ils le savent, elle et lui, demain il sera temps.

Le cœur crucifié, le cœur qui ne veut pas,
le cœur qui ne bat plus que pour sonner le glas,
ils se touchent, ils se frôlent, ils se découvrent encore,
surtout ne pas finir lorsque tout sera mort
lorsque ne restera qu'une image fragile,
l'exorciser d'oubli, la rendre indélébile.

Aimer quand il n'est pas permis
aimer d'un amour interdit
brûler d'un feu qui ne doit pas,
crier au ciel son désarroi
aimer jusqu'à perdre sa foi.

Aimer quand la raison dit non
aimer d'amour et de passion,
s'écarteler, perdus d'avance,
hurler pour rompre le silence
sans un écho, sans une chance.

Ils savent, elle et lui, ils savent sans le dire,
ils savent que demain sera un jour- le pire-
où la brume naissante aura deux horizons
pour engloutir leur âme, demain ils se perdront.
Et les heures égrenées, n'y pourront rien changer,
ils vivront, elle et lui, éperdus, naufragés.

Durance

Et la plaine s'étend, et la Durance roule,
je viens la regarder, depuis Lurs, tout là-haut,
le site est à ses pieds, comme serait la foule
si ce n'était l'hiver au faîte du plateau.

Rivière tu t'en vas, depuis les siècles morts,
en méandres imprévus atteindre le grand Rhône
que la Saône et l'Isère ont rejoint en renfort,
toi dont les crues, jadis, étaient comme un cyclone.

Tu as souvent changé, au cours des millénaires,
de chemins, d'horizons, de berceau, et de nom
tu as été un fleuve puis tu devins rivière
par les péripéties de ton cours vagabond.

La largeur de ton lit, que nul n'osa peupler,
rappelle que jadis tu étais un torrent ;
depuis les alpes hautes ta fureur dévastait
ta ligne de passage dans un flot bouillonnant.

Tu es, parmi les grands, le sceau de la Provence
tu baignes les cités où l'accent et la plume
ont conquis les publics, répandu l'excellence,
Sisteron, Mirabeau, Manosque, leurs coutumes.

Si un jour est venue, pour user de ton cours,
l'idée de te barrer au nom du modernisme,
ta splendeur est restée et restera toujours
la source de tous mots, une voie au lyrisme.

Le Retour

Je rentre au port ce soir, ma douce Gwenaëlle ;
la prochaine marée me verra près de toi.
J'ai vécu si longtemps de coups et de querelles
que j'aspire à la paix sous l'aile de ton toit.

Combien de mois, d'années, m'ont vu dans ma nacelle
scruter un horizon qui demeurait sans voie
sinon celle du feu ; j'étais en sentinelle
pour héler au combat, y pousser l'armada.

Tu me verras changé, ma douce Gwenaëlle,
mon corps porte incrustées les marques des succès ;
ma chair est décorée d'ornements en séquelles
qui ne sont de médailles qu'en maux cicatrisés.

J'ai connu tous les vents, les orages mauvais,
j'ai rencontré la peur, j'ai côtoyé la mort,
je suis marqué au cœur d'avoir dû la donner
pour espérer revoir ma Bretagne, où tu dors.

Je rentre au port ce soir, ma douce Gwenaëlle,
la prochaine marée me verra dans tes bras ;
tu me viendras au quai en épouse fidèle
qui attend le retour quand son homme s'en va.

Je t'aime, disaient-ils !

Je t'aime, disait-il,
moi aussi, disait-elle.
Ils n'étaient plus enfants
mais pas encore des grands.

Comment peut-on s'aimer quand rien ne l'autorise,
quand on n'a pas le droit d'acter sa destinée ?
Doit-on abandonner, jouer à cœur-se-brise,
quand on n'a pas le choix face à l'adversité ?

Je t'aime, disait-il,
moi aussi, disait-elle.
Ils étaient trois perdus
leur rêve, elle et lui.

Faut-il les cheveux blancs pour mériter l'amour ?
Quand on est au début d'une vie- sur sa grève
est-ce que les sentiments demeurent sans recours ?
Doit-on- au nom de quoi ?- jouer à cœur-se-crève ?

Je t'aime, disait-il,
moi aussi, disait-elle,
Ils n'étaient plus enfants
mais pas encore des grands.

Pour s'aimer simplement,
s'aimer infiniment,
ils ont confié leur âme
au bleu de l'océan.

Ainsi sont-ils !

Ainsi sont les oiseaux
ainsi sont les étoiles,
on les croit suspendus
aussi légers qu'un voile
et voilà qu'ils s'enfuient
d'un coup d'aile ou de jour.
Ô pouvoir un instant
arrêter leur parcours.
Pouvoir mêler au vol
la lumière céleste,
saisir l'association
du diamant et du leste,
l'oiseau dans sa splendeur
l'étoile en son éclat,
unir les deux prodiges
en un seul magnifique,
la reine de la nuit
et le chorégraphique ;
ne plus bouger, silence !
vivre un moment intense.
Ainsi sont les oiseaux
ainsi sont les étoiles,
pour susciter nos sens
souvent ils se dévoilent
mais déjà ils s'enfuient
d'un coup d'aile ou de jour.

La neige

La neige est venue cette nuit.
Nul ne l'a entendue, personne n'a ouï.
Dans le matin ouaté, jusque dans son silence,
la plaine et les sommets égalent d'élégance
sous la blanche toison encore immaculée,
inexplorée.

Le ciel est bas, gris,
prometteur de semence future,
prêt à intervenir contre toute souillure
irréfléchie.

La neige est venue cette nuit,
nul ne l'a entendue, personne n'a ouï.
Aux branches dépouillées, endormies et stériles,
festonnent çà et là des parures fragiles
qui deviendront des larmes au tout premier baiser
ensoleillé.

Dans son sommeil, lent,
la nature déjà ne pense
qu'aux jours du renouveau, élan de renaissance
étincelant.

Sautillant, picorant quelque rare pitance
un moineau esseulé en saison de malchance,
recherche de son bec l'hypothétique vie
qui le nourrit.

La neige est venue cette nuit,
nul ne l'a entendue, personne n'a ouï.

Effeuillons !

Je t'aime, un peu, beaucoup,
chaque pétale a son mystère
que nous réserve le dernier ?
Glanons en farandole
très délicatement,
dénudons la corolle
en prenant notre temps.
Un par un, énonçons :
Je t'aime, un peu, beaucoup,
avec l'espoir, au cœur,
que le doux réceptacle
contienne, par bonheur,
un multiple chanceux.
Parvenir à son terme :
passionnément, à la folie,
et voir pour terminer
que demeure une ailette,
ne doit pas effrayer
car, comme le poète,
on pourra, mon amie,
ajouter : pour la Vie !

Remerciement

Quel âge pouvais-je avoir ? Je ne sais plus très bien.
Pas tout à fait trois lustres en tous cas.
A l'époque où le "Professeur des Écoles" ne s'appelait pas encore ainsi, le mien s'appelait instituteur ou maître ! mais en règle générale on l'appelait "M'sieur".
Beaucoup plus simple pour attirer son attention. Un seul m'a marqué. Profondément.
Costume-cravate, toujours bien coiffé, sa seule apparence, déjà, imposait le respect !
Il m'a supporté durant deux années scolaires.
Non pas que je sois revenu une seconde fois parce que je n'avais pas compris tout de suite, mais c'était ainsi. C'était le "cursus" scolaire préparant au certificat d'études primaires. Les deux dernières années avec le même instituteur !
Le réflexe principal de "mon" Maître, c'était de me coller cinq verbes !
Il aurait pu choisir le verbe neiger, voire pleuvoir, mais non. C'était plutôt du genre sadique, type :
"Je ne fais pas de bruit lorsque le maître parle, et je me tais" !
Conjuguez-moi ça cinq fois à tous les temps de la conjugaison française et vous verrez…
Et signé par les parents de surcroît. Double peine !
Mais je l'aimais bien. C'est vrai ! il était juste, honnête et moi…je conjuguais.
Je me souviens du jour où il nous a appris qu'un franco-espagnol d'origine cubaine (!) avait écrit qu'il existait un bateau qui avait des antennes et que l'on faisait mûrir je ne sais plus quoi du côté de Cypango, un endroit qui avait, parait-il, bonne mine, m'a-t-il semblé.
Ce jour-là je me suis dit que s'il avait écrit ça, le gars, je pouvais en faire tout autant.
J'ai passé les vacances de Pâques à réfléchir extraordinairement, et j'ai pu néanmoins parvenir à faire rimer ventilateur avec réfrigérateur.
Je n'étais pas peu fier !
Je me suis dit qu'après tout la poésie pouvait trouver sa place dans le ménager.
Ça m'a valu cinq verbes !

Malgré cela, j'ai néanmoins toujours préféré les lettres aux chiffres.
En effet, j'ai cru longtemps, le jour où j'ai entendu (je ne sais plus où) l'expression "mathématiques appliquées", que cela consistait, comme le nom l'indique, à "s'appliquer" en prenant soin d'écrire les chiffres en pleins et délayés.
Et je ne comprenais pas très bien pourquoi, après ce travail fastidieux, je récoltais cinq verbes chaque fois que je rendais un devoir de "calcul".
Et si j'ai cessé mes profondes études après la communale (le certif en poche tout de même…), c'est parce que j'ai fait le total des conjugaisons qui pourraient encore éventuellement m'incomber si je poursuivais.
Mais je n'ai jamais oublié "mon" maître, **Monsieur Constantino**, que j'ai le regret de ne jamais avoir eu l'occasion de revoir pour lui dire à quel point je lui étais redevable et le remercier.
Il m'a apporté ce que je souhaite qu'apportent aujourd'hui nos "professeurs des écoles" à nos enfants.

Merci M'sieur !